LAS CRUZADAS EN TIERRA SANTA

Las campañas militares que enfrentaron
a cristianos y musulmanes

Por Julie Lorang
Traducido por Laura Bernal Martín

Historia | en50MINUTOS.es

LAS CRUZADAS EN TIERRA SANTA

- **¿Cuándo?** Entre 1095 y 1291.
- **¿Dónde?** En Oriente Próximo, en Constantinopla, en Egipto y en Túnez.
- **¿Contexto?**
  - La expansión de los turcos selyuquíes musulmanes en Oriente Próximo y Asia Menor, que entran en conflicto con el Imperio bizantino cristiano y las poblaciones árabes locales.
  - El proyecto del papa Urbano II, que quiere liberar el Santo Sepulcro, la sepultura de Cristo, ocupado desde hace varios siglos por musulmanes.
- **¿Protagonistas?**
  - Urbano II, papa (1042-1099).
  - Godofredo de Bouillón, primer Defensor del Santo Sepulcro (1061-1100).
  - Saladino I, comandante de las tropas musulmanas (1138-1193).
  - Ricardo I Corazón de León, rey de Inglaterra (1157-1199).
  - Federico II de Hohenstaufen, emperador del Sacro Imperio Romano Germánico (1194-1250).
  - Luis IX, rey de Francia (1214/1215-1270).
- **¿Repercusiones?**
  - En Oriente: fin de la edad de oro de la civilización árabe e implantación duradera de la potencia turca en Oriente Próximo.
  - En Occidente: desarrollo de Europa y enriquecimiento económico y cultural.

Aún en nuestros días, las ocho cruzadas emprendidas en Tierra Santa ocupan un lugar importante en el imaginario colectivo, y simbolizan la violencia del choque entre el Occidente cristiano y el Oriente musulmán. Estas peregrinaciones armadas, predicadas por los papas y soberanos durante casi dos siglos, empujan a cientos de miles de cruzados a tomar los caminos, algo que deja una huella para siempre en la historia.

Lejos de limitarse a simples conflictos religiosos, las cruzadas oponen política y militarmente a las tres grandes potencias de la época: la Europa católica, el mundo musulmán y el Imperio bizantino ortodoxo. Los cruzados logran apoderarse de Tierra Santa durante la primera cruzada, y crean los Estados Latinos de Oriente, comunidades de cristianos en tierra musulmana, defendidas por la Orden de los Templarios. Las siguientes expediciones serán tentativas vanas de recuperar estas tierras, que regresan una tras otra al redil islámico.

En ellas participan y alcanzan la fama numerosas personalidades, incluyendo el famoso Godofredo de Bouillón, el terrible Ricardo Corazón de León o incluso el piadoso Luis IX. Así, la historia de estos grandes caballeros se mezcla con la de las terribles batallas de Hattin (1187), de Damieta (1249) o de El Mansoura (1250). El encuentro entre estos dos mundos permite finalmente que Occidente se ponga al día en muchas áreas hasta entonces controladas por los árabes, como el álgebra, la ciencia o la filosofía. La importante renovación económica y cultural aportada por las cruzadas abrirá en Europa las puertas del Renacimiento.

CONTEXTO

EL NACIMIENTO DEL ISLAM Y EL AVANCE MUSULMÁN

Entre las diferentes culturas y religiones que se oponen en Oriente Próximo durante las cruzadas, el mundo musulmán ocupa un lugar central. El islam, predicado por el profeta Mahoma (*c.* 570-632) en Arabia Saudí en el siglo VII, es una religión monoteísta relativamente reciente en ese momento, pero que ya ha conquistado una gran parte del mundo conocido. De hecho, ya sea a través de caravanas comerciales o por la fuerza, la doctrina musulmana se extiende rápidamente hacia el este —en dirección a Persia, Mesopotamia y hasta el Indo—, y hacia el oeste en las tierras antes cristianas del antiguo Imperio romano.

En algunos años, Siria, Palestina y África del Norte pasan a estar bajo la influencia musulmana, desmembrando así una parte del Imperio bizantino y la totalidad del Imperio persa sasánida (antigua dinastía iraní). Debilitada, Constantinopla mantiene, sin embargo, el control de Asia Menor —cuyo territorio corresponde a la actual Turquía— y acaba temporalmente con las ambiciones musulmanas en esta región. Pero nada parece frenar el avance de las tropas musulmanas, que se concentran en la costa atlántica y cruzan el estrecho de Gibraltar para llegar a Europa a principios del siglo VIII. Entran en España en el 712, dirigidos por Tariq ibn Ziyad (muerto *c.* 720), y llegan a la región de Poitiers (Francia), donde son finalmente derrotadas en 732 por Carlos Martel (príncipe de los francos, *c.* 688-741).

La Batalla de Poitiers, pintura de Charles de Steuben, 1837.

Así, en poco más de un siglo, la religión islámica conquista el este y el sur de la cuenca del Mediterráneo, además de una gran parte de los continentes asiático y africano. Aunque los Imperios carolingio y bizantino detienen el islam a las puertas de Europa, el mundo musulmán logra establecerse durante mucho tiempo en algunos territorios cristianos, como en el sur de España, en Egipto o incluso en Oriente Próximo.

La civilización musulmana dispone de liderazgo en muchas áreas, como las artes, la literatura, la ciencia o la filosofía, y conoce una verdadera edad de oro en los primeros siglos del islam. Sin embargo, su poder se debilita por las incesantes guerras entre las diversas dinastías y califatos musulmanes; por el contrario, el Viejo Continente tiene la ventaja de estar unificado —al oeste alrededor de un papa y, dentro de poco, de Carlomagno (rey de los francos, 742/747-814), proclamado emperador de Occidente en 800; en Constantinopla, en torno al emperador y al patriarca de la Iglesia ortodoxa.

En los inicios de la primera cruzada, los turcos selyuquíes, una dinastía de nómadas recientemente convertidos al islam, ponen fin a la supremacía de los califatos árabes y establecen su dominio sobre todo Oriente Próximo. La llegada de los turcos a Oriente da lugar a un conflicto entre musulmanes, y también entre bizantinos y turcos debido a sus ambiciones expansionistas. Además, los selyuquíes se muestran mucho menos conciliadores que los árabes con las poblaciones cristianas que habían llegado para establecerse o refugiarse en Oriente Próximo. Más que los motivos puramente religiosos, son las ambiciones geopolíticas las que causan la primera cruzada.

LA DECADENCIA DEL IMPERIO BIZANTINO

El Imperio bizantino, que ya está en decadencia, también ocupa un lugar importante en las cruzadas. Esta potencia política tiene sus raíces directamente en el Imperio romano cristianizando, dividido entre los dos hijos del emperador Teodosio I (347-395) en el 395. Honorio (384-423) recibe la parte occidental latina, mientras que Arcadio (*c.* 377-408) hereda los territorios orientales de habla griega. Esta escisión sella el destino político y religioso de las dos entidades:

- el Imperio romano de Occidente, cuya capital es Roma, se extiende al principio de la península ibérica hasta la actual Croacia, y de Inglaterra hasta las costas de África del Norte. La parte occidental no sobrevive mucho tiempo a la división del Imperio romano, atacado por todos lados por poblaciones germánicas. El emperador Rómulo Augústulo (nacido *c.* 461 o 462) abdica el 4 de septiembre del 476, poniendo punto final definitivamente al Imperio romano de Occidente, que está fragmentado;
- el Imperio romano de Oriente, también llamado bizantino, tiene como capital la ciudad de Constantinopla y está formado por Grecia, Macedonia y Asia Menor, además de Oriente Próximo y Egipto. A diferencia de la parte occidental, el Imperio bizantino no sufre ninguna ruptura política y cultural comparable con la deposición de Rómulo Augústulo, y continúa con las tradiciones del antiguo Imperio romano.

El reinado de Justiniano I (482-565) y su esposa Teodora (*c.* 500-548) marca el apogeo de la historia del Imperio bizantino. El emperador conquista nuevos territorios en Italia, en África del Norte y en el sur de la península ibérica, uniformiza el derecho romano y manda construir la iglesia de Santa Sofía, corazón del cristianismo oriental y esplendor del arte bizantino.

El Imperio romano de Oriente comienza un lento declive a partir del siglo VII, tras la expansión del islam, que hace que sus ricos territorios en Oriente Próximo y Egipto se vean reducidos. Replegado en sus posesiones en Asia Menor, el Imperio tendrá que luchar contra la presión musulmana hasta la caída de Constantinopla (1453), que marca la caída del Imperio romano de Oriente. Pero esto no para aquí, ya que, a principios del siglo XI, el emperador Alejo I Comneno (1058-1118) debe lidiar con los turcos selyuquíes, que se han apoderado de Oriente Próximo y que obtienen gradualmente las últimas posesiones del Imperio bizantino. Es en este difícil contexto que Alejo I recurre a la solidaridad cristiana del papa Urbano II, que va a ser el instigador de la primera cruzada.

Las relaciones entre el Imperio bizantino ortodoxo y el Occidente bajo la obediencia de Roma no siempre han sido armoniosas, y no solo por razones religiosas, sino también políticas. En el pasado ya habían surgido disputas entre las Iglesias de Oriente y Occidente relacionadas con interpretaciones teológicas diferentes, pero la ruptura final se produce con el Cisma de 1054 (más conocido como Cisma de Oriente), que separa las dos Iglesias tras las tensiones que sacuden al papado romano y al patriarcado de

Constantinopla. Las pretensiones territoriales y políticas de algunos papas y soberanos latinos también desagradan el Imperio bizantino, que se considera el único heredero legítimo del mundo romano.

El advenimiento de las cruzadas y el deseo de los caballeros occidentales de hacerse con nuevas tierras y riquezas en los antiguos territorios bizantinos reavivan las tensiones entre latinos y bizantinos, algo que alcanza su punto culminante durante el saqueo de Constantinopla por los cruzados en 1204.

EN EL NOMBRE DE CRISTO

Mientras que el contexto que condujo a las cruzadas parece ser esencialmente de naturaleza política, el conflicto toma el aspecto de una guerra religiosa entre cristianos y musulmanes. Aunque la mayoría de las cruzadas han sido fomentadas por los papas, no debemos olvidar que el papado ocupa en este momento un lugar político de suma importancia.

En la Edad Media, el papa es mucho más que un simple soberano espiritual. Busca crear una potencia política por medio de una religión que rige todos los ámbitos de la vida pública y privada. Políticos, conspiradores y a veces soberanos pontífices no dudan en modificar el mensaje cristiano —como con la promesa de salvación eterna para aquellos que tomen las armas para liberar la tumba de Cristo—, empujados únicamente por sus propios intereses. Estas ambiciones políticas pueden generar conflictos directos con los soberanos, como fue el caso durante la coronación de Carlomagno el 25 de diciembre de 800, cuando el papa León III (750-816) se las había arreglado para cambiar los ritos de coronación con el fin de que el emperador se arrodillara ante él.

Esta deseada preeminencia del poder religioso sobre el poder temporal se manifiesta a lo largo de las cruzadas, que se convierten en una herramienta que le permite al papado resolver muchos problemas. ¿Acaso no empujó el papa Gregorio IX (1170-1241) al emperador Federico II de Hohenstaufen a emprender la sexta cruzada con el simple objetivo de alejarlo de Italia para preservar el poder de los Estados Pontificios? Con todo, a pesar de la incontestable naturaleza política de las cruzadas, no debe negarse la dimensión religiosa de estos conflictos. De hecho, durante casi dos siglos, cientos de miles de hombres, mujeres y niños atraviesan Europa para liberar la tumba de Cristo, con la esperanza de la redención y la salvación eterna.

¿SABÍAS QUE...?

La palabra «cruzado», utilizada para referirse a los cristianos que hicieron la promesa de ir a luchar en Oriente, viene de la cruz de tela que estos cosían en su ropa para mostrar públicamente su voto.

BIOGRAFÍAS

PRIMERA CRUZADA

Urbano II, papa

El papa Urbano II consagrando la basílica San Saturnino de

El papa Urbano II nace en 1042 en Châtillon-sur-Marne (Francia) bajo el nombre de Odón de Chatillon u Odón de Lagery en una familia de nobleza champañesa. Formado como monje benedictino, el ambicioso joven asciende poco a poco los escalones de la vida clerical y es nombrado canónigo y, más tarde, archidiácono de la ciudad de Reims. Hacia 1073 se convierte en monje en la abadía de Cluny, pero la vida le reserva otro destino. El papa Gregorio VII (entre 1015 y 1020-1085) repara en él y le llama a Roma para participar en la reforma gregoriana. En 1078, es consagrado cardenal obispo de Ostia. Se convierte en prelado en Alemania en 1084, antes de ser finalmente elegido papa el 12 de marzo de 1088.

Urbano II es especialmente conocido por haber predicado la primera cruzada tras la llamada del emperador bizantino Alejo Comneno, cuyo Imperio es poco a poco invadido por los turcos selyuquíes. Su encendido discurso en el Concilio de Clermont (27 de noviembre de 1095) es el que lleva a que cientos de cristianos se dirijan hacia Constantinopla y, más tarde, hacia Jerusalén.

Muere el 29 de julio de 1099, apenas unos días después de la toma de Jerusalén por los cruzados. Fue elevado al rango de los bienaventurados de la Iglesia católica por León XIII (1810-1903).

Godofredo de Bouillón, primer Defensor del Santo Sepulcro

Godofredo de Bouillón curado por un ángel, pintura de Pierre Mignard, c. 1640.

Godofredo de Bouillón nace hacia el año 1061, probablemente en Baisy, en la Baja Lorena (actualmente Bélgica) o en Boulogne-sur-Mer (Francia). En 1089, se convierte en duque de la Baja Lorena, un territorio entre Francia y el Rin. Devoto cristiano, Godofredo de Bouillón responde a la llamada de Urbano II con el fin de liberar la tumba de Cristo de la presencia musulmana y se convierte así en uno de los principales líderes de la primera cruzada.

Conocido por su valentía y su humildad, dirige a sus hombres hasta la toma de Jerusalén (el 15 de julio de 1099) y lidera el recién creado reino. El devoto caballero rechaza el título de rey que se le propone, negándose a llevar una corona de oro en el mismo lugar donde Cristo había llevado una corona de espinas, y se convierte entonces en el Defensor del Santo Sepulcro. Sin embargo, su reinado es muy corto, ya que muere el 18 de julio de 1100, probablemente envenenado. Su hermano Balduino de Boulogne (muerto en 1118) lo sucede y se convierte en el primer rey de Jerusalén.

TERCERA CRUZADA

Saladino I, comandante de las tropas musulmanas

Retrato de Saladino I, por Cristofano dell'Altissimo, siglo XVI.

Salah al-Din Yusuf, llamado Saladino (un apodo que significa «el restaurador de la religión»), nace en 1138 en Tikrit (el actual Irak), pero crece en la corte de Imad al-Din Zengi (1085-1146), gobernador turco de la Siria del Norte.

Su gloriosa carrera militar y el apoyo de su familia le permiten escalar rápidamente los peldaños de la política para ser nombrado visir de Egipto en 1169. El joven, que cuenta entonces con 31 años, comienza la unificación de Siria y de Egipto, hasta entonces fragmentados y ocupados por los cruzados. Con la fuerza de esta unión y pidiéndole ayuda a los príncipes árabes en la yihad (la guerra santa), Saladino acaba por recuperar la ciudad de Jerusalén en 1187. Después de esta victoria árabe, se lanza una tercera cruzada y Saladino tiene que enfrentarse a las tropas del que se convertirá en su más feroz enemigo, Ricardo Corazón de León. Aunque los dos hombres compiten y luchan el uno contra el otro, su relación se basa en un profundo respeto. Como Ricardo Corazón de León no es capaz de tomar Jerusalén, los dos hombres acaban por llegar a un acuerdo para poner fin a los combates.

Saladino muere el 4 de marzo de 1193 en Damasco, poco después de que Ricardo Corazón de León se haya marchado. Sus hazañas, narradas por los cruzados, le hacen famoso en Occidente.

Ricardo Corazón de León, rey de Inglaterra

Retrato de Ricardo Corazón de León.

Ricardo I nace probablemente en el palacio de Beaumont en Oxford, el 8 de septiembre de 1157. Es el cuarto hijo de Enrique II de Inglaterra (1133-1189) y su esposa, Leonor de Aquitania (1122-1204). Ricardo, que es el hijo preferido de su madre, se convierte en el heredero de la corona de Aquitania y del título de conde de Poitiers, propiedades de Leonor. Después de una serie de peleas familiares y de la muerte de sus hermanos mayores, Ricardo sube al trono de Inglaterra en 1189 y gobierna las posesiones inglesas de Francia: Normandía, Maine y Anjou.

Ricardo, que ha crecido en Francia y casi no habla inglés, no se queda mucho tiempo en su reino. De hecho, el principio de su reinado coincide con la llamada a la tercera cruzada, que lidera. Su viaje le lleva primero a Sicilia, y luego a Chipre, donde se casa con Berenguela de Navarra (1163-1230). Luego toma posesión de la isla y se hace con el dominio de San Juan de Acre (la actual ciudad de Acre en Israel), el 13 de julio de 1191. A pesar de estas expediciones violentas, Ricardo Corazón de León es incapaz de tomar Jerusalén y acepta firmar una tregua con Saladino.

El regreso de Ricardo Corazón de León no transcurre sin contratiempos. Después de un tumultuoso viaje, debe enfrentarse a los complots de su hermano, Juan de Inglaterra, llamado Juan Sin Tierra (1167-1216), y de Felipe II Augusto (1165-1223), rey de Francia, que tratan de apoderarse de sus posesiones. Entonces, Ricardo Corazón de León participa en una serie de batallas en Francia contra Felipe Augusto y muere el 6 de junio de 1199, alcanzado mortalmente por una flecha durante el asedio del castillo de Châlus, en Limosín.

Federico II de Hohenstaufen, emperador del Sacro Imperio Romano Germánico

Federico II representado con su emblema, el águila.

Federico II de Hohenstaufen nace el 26 de diciembre de

1194 en Jesi (ciudad de Italia) y pasa su juventud en Sicilia, tierra multicultural con influencias normandas, bizantinas e islámicas. Gran amante de la cultura y mecenas, Federico II da la bienvenida a eruditos, poetas y filósofos a su corte y se enamora de Oriente.

En 1212, es coronado rey de los romanos antes de ser proclamado emperador del Sacro Imperio Romano Germánico en 1220, unificando así Sicilia con el Imperio Germánico. A pesar de ser criado por el papa Honorio III (1150-1227) tras la muerte de sus padres, Federico II mantiene relaciones extremadamente tensas con el papado. Pero Gregorio IX, sucesor de Honorio III, le recuerda que durante su coronación prometió marcharse a las cruzadas. Como el emperador no tienen prisa para llevar a cabo este juramento, habrá que esperar a su excomunión por parte de Gregorio IX para que acepte partir.

Gracias a su conocimiento del árabe y a su gusto por esta cultura, Federico II avanza pacíficamente hasta Jerusalén, donde negocia, en 1129, el Tratado de Jaffa con el sultán al-Malik al-Kamil (1180-1238), sobrino de Saladino I. Tras prometer que no se interesará por los conflictos con los otros Estados latinos de Oriente y que no les ayudará a luchar contra los musulmanes, recibe Jaffa, Belén, Nazaret y Jerusalén.

De retorno a Italia y rehabilitado por el papa, el emperador mantiene relaciones difíciles con este, y acabará siendo excomulgado por segunda vez tras sus muchas diferencias de opinión. El reinado culto de Federico II de Hohenstaufen termina con su muerte, el 13 de diciembre de 1250.

SÉPTIMA Y OCTAVA CRUZADA

Luis IX, rey de Francia

Entrevista de San Luis, rey de Francia, con el papa Inocencio IV, en Lyon, en 1248, pintura de Louis-Jean-François Lagrenée.

Luis IX, más conocido como San Luis, es la última figura destacada de las cruzadas, pero también uno de los principales gobernantes de la historia de Francia. Nacido el 25 de abril de 1214 en Poissy, es el nieto de Felipe Augusto y sube al trono a la edad de 12 años. Su reinado está inspirado en los valores del cristianismo y se caracteriza por la sabiduría y diplomacia que lo mueven.

Entre sus obras destaca la reforma y el importante desarrollo de la justicia, mediante la introducción de bailíos y prebostes en su reino y el establecimiento de la presunción de inocencia. Algunas de las leyes promulgadas durante su reinado reflejan la voluntad del monarca de conducir a su pueblo a la salvación, como la prohibición de la blasfemia, del juego de apuestas y de la prostitución.

Después de su inesperada recuperación de una grave enfermedad, Luis IX hace voto de ir a las cruzadas, pero sus dos expediciones resultan un fracaso. La séptima cruzada la realiza en Egipto, donde es hecho prisionero. Muere debido a la peste durante la octava cruzada en Túnez, el 25 de agosto de 1270. Ya considerado un santo en vida debido a su sabiduría, Luis IX es canonizado por la Iglesia católica en 1297 y se convierte en San Luis de Francia.

LAS CRUZADAS

LA PRIMERA CRUZADA (1096-1099)

Después de la petición de ayuda del emperador bizantino Alejo Comneno, el papa Urbano II decide poner en marcha una peregrinación armada para salvar a los hermanos cristianos oprimidos y liberar el Santo Sepulcro de la influencia musulmana. Más allá de estos motivos religiosos explícitamente enunciados, el papa también espera moralizar a la caballería mediante la erradicación de la violencia y las guerras privadas entre señores feudales. Para hacer esta idea de cruzada compatible con los valores cristianos, pero también para animar a la gente a participar en su proyecto, Urbano II anuncia que todos aquellos que luchen por la liberación de la Tierra Santa se ganarán la salvación de su alma.

El papa Urbano II predica la primera cruzada.

La idea de la remisión de los pecados se hace eco en Europa y el discurso de Urbano II, transmitido por predicadores como Pedro el Ermitaño (c. 1050-1115), es recibido con gran entusiasmo por la población. Este entusiasmo llega para algunos al fanatismo religioso, y estallan desórdenes en varias ciudades. Cuatro ejércitos de caballeros con aproximadamente 30 000 hombres se embarcan en esta expedición, dirigida por Godofredo de Bouillón, su hermano Balduino de Boulogne (1058-1118) e incluso Bohemundo de Tarento (príncipe de Tarento y Antioquía, entre 1050 y 1058-1111).

Pedro el Ermitaño es también el instigador de otra expedición, llamada la Cruzada Popular, que parte desde el norte de Francia y llega a Asia Menor en el año 1096. Los 40 000 peregrinos y bandoleros que participan en ella se mueven con una total indisciplina y causan numerosos daños a su paso, tanto en los países católicos como en los ortodoxos. Los bizantinos, obligados a protegerse de este gran cortejo, diezman a un gran número de peregrinos que tratan de apoderarse de los bienes del Imperio romano de Oriente. El balance de la situación es grave, ya que casi una cuarta parte del ejército es aniquilada. Pero los supervivientes son a su vez aplastados por los turcos en Apamea (antigua ciudad de Anatolia).

Como no está preparado para ver llegar a un ejército tal y dado que teme que por su seguridad, Alejo Comneno ayuda a los cruzados a cruzar el estrecho del Bósforo. Por el camino, los ejércitos cristianos toman a su vez las ciudades de Nicea y de Antioquía, antes de llegar a Jerusalén el 7 de junio de 1099. Los cruzados asedian la ciudad durante 40 días antes de conquistarla, el 15 de julio. Exasperados, los soldados invaden la ciudad y masacran a los habitantes de

Jerusalén.

Tras esta primera victoria cristiana, los territorios conquistados se organizan y se distribuyen entre los grandes señores a la cabeza de los diferentes ejércitos, para finalmente convertirse en los Estados latinos de Oriente:

* el condado de Edesa se le entrega a Balduino de Boulogne. Creado en 1098, perdura hasta 1146;
* el principado de Antioquía cae en manos de Bohemundo I en 1098 y se mantiene hasta 1268;
* el condado de Trípoli se le otorga Raimundo de Saint-Gilles (conde de Tolosa, 1042-1105) en 1102 y desaparece en 1288;
* el reino de Jerusalén se le entrega a Godofredo de Bouillón en 1099 y perdura hasta 1291.

¿SABÍAS QUE...?

La Orden de los Templarios se funda por iniciativa del caballero Hugo de Payns (c. 1070-1136) tras la primera cruzada para defender a los Estados latinos y a los peregrinos que se dirigen a Jerusalén. Esta orden militar y religiosa toma su nombre del templo de Salomón, ubicado en la ciudad santa, donde está instalada su sede. La Orden de los Templarios, reconocida por el papa Inocencio II (muerto en 1143) durante el Concilio de Troyes (1139), se vuelve rica y poderosa, y es brutalmente destruida por orden del rey de Francia Felipe el Hermoso (1268-1314), que temía su poder.

LA SEGUNDA CRUZADA (1147-1149)

Después de esta victoria por parte de los cruzados y de la instauración de los Estados latinos de Oriente, las siguientes cruzadas tendrán como principal objetivo defender las posesiones cristianas en Tierra Santa.

En 1144, el condado de Edesa es tomado por las fuerzas musulmanas, y el papa Eugenio III (c. 1090-1153) ordena una nueva expedición. Su llamamiento es retransmitido por Bernardo de Claraval (Doctor de la Iglesia, 1090-1153) en Vézelay (Borgoña) y en Espira, en el Sacro Imperio Romano. Dos soberanos responden a la llamada: el rey de Francia Luis VII (1120-1180) y el emperador germánico Conrado III (1093-1152). Ambos lideran un ejército de 200 000 hombres de diferentes estratos sociales.

La cruzada es un verdadero fracaso debido al desacuerdo entre los líderes, pero también a los muchos excesos cometidos por las tropas y a la mala organización militar de la expedición. Además, las relaciones con el Imperio bizantino empeoran como consecuencia de los disturbios causados por los cruzados cuando atravesaban los Balcanes.

Durante la travesía por el desierto de Anatolia, los hombres de Conrado III son atacados por los turcos y masacrados en Dorilea el 25 de octubre de 1147. Por esto, el emperador germánico prefiere regresar, mientras que las tropas francas continúan solas. Luis VII y sus hombres se desvían finalmente de Edesa y asedian la ciudad de Damasco en el 1148, sin éxito. Tras este aplastante fracaso, los cruzados vuelven a Europa sin haber ganado una sola batalla en Oriente.

Bernardo de Claraval, uno de los instigadores del viaje, atribuye el fracaso de esta cruzada a los muchos pecados de sangre cometidos por los cruzados.

LA TERCERA CRUZADA (1189-1192)

Saladino decide dedicar su vida a la reconquista de las tierras musulmanas perdidas casi un siglo antes. Para ello, hace un llamamiento a la yihad a los príncipes árabes y toma el control de Egipto y de Siria. Destaca su participación en la batalla de Hattin contra las fuerzas del reino de Jerusalén, y terminan por obtener la rendición de la ciudad santa el 2 de octubre.

LA BATALLA DE HATTIN

Durante la batalla, los cruzados pierden casi el 90% de sus efectivos, lo que representa a unos 15 000 hombres. Después de esta terrible derrota, ya no están en condiciones de defender sus ciudades y fortalezas, que caen una tras otra.

El choque es importante en Europa y, una vez más, el papa Gregorio VIII convoca una nueva cruzada para liberar los territorios perdidos. Pide específicamente la ayuda del emperador germánico Federico I Barbarroja (1122-1190), del rey de Francia Felipe Augusto y del rey inglés Ricardo Corazón de León, razón por la cual la expedición se apodará la Cruzada de los Reyes. Pero, de nuevo, las fuerzas occidentales están debilitadas por las tensiones entre sus líderes, además de por trágicos accidentes que complican aún más la situación. En el camino, Federico Barbarroja se ahoga cruzando un río, y su ejército, el más grande de la expedición, acaba por dispersarse. Además, las tropas francesas desertan a su vez después de un desacuerdo entre Felipe Augusto y Ricardo Corazón de León.

Después de haber conquistado la isla de Chipre, el monarca inglés logra recuperar la ciudad de San Juan de Acre en 1191, y hace ejecutar a unos 3000 soldados musulmanes. A continuación, dirige a su ejército hacia Jerusalén, donde se encuentra con una feroz resistencia por parte de las tropas de Saladino. Al darse cuenta de que no podrá tomar el control de la ciudad, los dos hombres firman finalmente una tregua el 2 de septiembre de 1192. El acuerdo prevé mantener el control musulmán sobre Jerusalén, al tiempo que permite a los cristianos acudir a la ciudad en peregrinación. Además, los cruzados también recuperan una franja de tierra que va de Jaffa a Haifa. Tras este acuerdo, Ricardo regresa a Inglaterra, donde se tiene que enfrentar a las conspiraciones de su hermano Juan de Inglaterra y su antiguo aliado francés, Felipe Augusto.

LA CUARTA CRUZADA (1202-1204)

A pesar de los acuerdos entre Ricardo Corazón de León y Saladino, el papa Inocencio III decide poner en marcha una cuarta cruzada para recuperar el control de Jerusalén. Aunque algunos soberanos europeos son reacios a la idea de dirigirse a Oriente dados los resultados desastrosos de las dos cruzadas anteriores, varios nobles responden a la llamada del papa: los condes Luis de Blois (1171-1205), Teobaldo de Champaña (1179 -1201), Balduino de Flandes (1171-1205), el duque Odón de Borgoña (1166-1218), y el marqués Bonifacio de Monferrato (c. 1150-1207).

Impulsados por el deseo de encontrar una nueva ruta para llegar a Oriente sin tener que pasar más por un Imperio bizantino con el que las relaciones no dejan de deteriorarse, los cruzados se dirigen a las repúblicas italianas con el fin de llegar a su destino por vía marítima. Venecia, por la que deberán pasar las tropas, acepta el itinerario, pero a cambio pide el pago de una importante suma de dinero (85 000 ducados), que a los combatientes les cuesta reunir. Al darse cuenta de sus dificultades, la República italiana les ofrece un trato: acepta reducir los costes aduaneros si los cruzados toman la ciudad de Zara (ahora Zadar, en Croacia), una antigua posesión veneciana, y se la entregan al dux. Pero los ciudadanos de Zara son cristianos, y aceptar tal acuerdo sería darle la espalda a la guerra contra los infieles. Sin embargo, los líderes de la cuarta cruzada aceptan la oferta y sitian la ciudad (1202). Aunque los ciudadanos no son masacrados, los cruzados saquean las riquezas de la ciudad. En cuanto se entera, Inocencio III excomulga a los venecianos y a los cruzados por haber atacado una ciudad cristiana.

A pesar de este castigo, los cruzados continúan su camino, pero un segundo acuerdo va a desviarlos definitivamente de su objetivo. Bonifacio de Monferrato, uno de los líderes de la expedición, firma un pacto con Alejo IV Ángelo (c. 1182-1204), hijo del emperador bizantino Isaac II Ángelo (c. 1155-1204), cuyo poder le ha sido usurpado. En dicho pacto se compromete a recuperar el trono de Bizancio a cambio del pago de las deudas a Venecia. Aunque los cruzados se muestran reacios a luchar una vez más contra los hermanos cristianos, Venecia ve una gran oportunidad para derribar a su rival y fomenta el proceso. La misión se cumple con éxito y Constantinopla es tomada en 1203, lo que permite a Alejo IV Ángelo ascender al trono. No obstante, lejos de ser recibido como un liberador, el nuevo emperador tiene mala reputación entre los bizantinos, que no aceptan del todo el acuerdo entre su soberano y los cruzados. A esto se añade el hecho de que Alejo IV Ángelo es incapaz de pagar a los cruzados, puesto que las arcas de la ciudad habían sido vaciadas por su predecesor. Finalmente estalla una revolución, y Alejo IV Ángelo es destronado y posteriormente asesinado, mientras que una guerra civil enfrenta a los bizantinos y a los latinos. Estos últimos, mejor armados, salen victoriosos y saquean Constantinopla, robando, en particular, numerosas obras de arte. Después, los cruzados se reparten el territorio bizantino y fundan varios Estados latinos.

Entrada de los cruzados en Constantinopla, cuadro de Eugène Delacroix, 1840.

Así termina la cuarta cruzada, que, habiendo escapado por completo al poder papal, termina degenerando en un conflicto intercristiano.

LA CRUZADA DE LOS NIÑOS (1212) Y LA QUINTA CRUZADA (1217-1219)

Ocho años después de la cuarta cruzada, un joven pastor anuncia que se le ha aparecido un ángel y que le ha revelado que solo seres inocentes podrán liberar la tumba de Cristo de la presencia musulmana. Entonces, cientos de niños se reúnen en Francia y en Alemania para participar en una improbable expedición hacia Jerusalén, y esto a pesar de las advertencias del papa y de los señores. Como era de esperar, su destino es trágico: multitud de ellos mueren por el camino, mientras que otros son vendidos como esclavos.

La Cruzada de los Niños, cuadro de Gustave Doré, 1892.

A pesar de estos fracasos, Inocencio III convoca una nueva cruzada y organiza la expedición en el Concilio de Letrán (1215), con el fin de no perder el control sobre sus tropas. Se le entrega el mando a Leopoldo VI (duque de Austria, 1176-1230), a Andrés II (rey de Hungría, 1175-1235), y a Juan de Brienne (rey de Jerusalén, 1148-1237). Este último lidera enseguida la expedición y decide atacar Egipto con el fin de apoderarse de sus puertos, empezando por Alejandría y Damieta. Su objetivo es simple: debilitar a los musulmanes y negociar una retrocesión de Jerusalén. La táctica es prometedora, y los cruzados asedian Damieta en 1218.

Ante la dureza del asedio, al-Malik al-Kamil, sobrino de Saladino, se compromete a iniciar negociaciones y muestra su disposición a ceder Jerusalén si paran el asedio de Damieta. Sin embargo, un benedictino español llamado Pelagio Galvani (*c.* 1165-1230), el líder religioso de la cruzada, se niega a cualquier discusión con el enemigo musulmán y rechaza la oferta del sultán. El fanatismo del español empuja a los cruzados a tomar la ciudad de Damieta en noviembre de 1219 antes de lanzarse a la imprudente conquista del resto de Egipto, un país del que, sin embargo, saben muy poco. Atrapados por la crecida anual del Nilo, se ven obligados a capitular en 1221 y a devolver Damieta a cambio de su libertad.

LA SEXTA CRUZADA (1228-1229)

Pocos años después, el papa Gregorio IX reprende a Federico II de Hohenstaufen, que en su coronación había prometido partir en cruzada contra los infieles, y lo excomulga.

Proscrito del mundo occidental cristiano, Federico se ve obligado a marcharse a Oriente para redimirse ante ojos del papa.

Llega a Tierra Santa en 1128, acompañado por una tropa de 3000 soldados. Gracias a su conocimiento de la lengua y de la cultura árabe, Federico comienza las negociaciones con el sultán al-Malik al-Kamil. Después de cinco meses, los talentos diplomáticos del emperador permiten la firma del Tratado de Jaffa. De esta forma, obtiene la restitución de Belén, de Nazaret y del Santo Sepulcro de Jerusalén.

Esta sexta cruzada es la única que termina sin que se derrame ni una sola gota de sangre, gracias a la delicadeza y a la diplomacia de Federico II. Sin embargo, Roma y Occidente, lejos mostrar entusiasmo ante la hazaña lograda, se escandalizan por este acuerdo con los infieles. Unos años más tarde, Jerusalén es nuevamente tomada por los musulmanes.

LA SÉPTIMA (1248-1254) Y OCTAVA CRUZADAS (1270)

La pérdida de Jerusalén afecta mucho al rey de Francia, Luis IX, extremadamente religioso. Después de recuperarse inesperadamente de la malaria, el soberano se compromete a liberar definitivamente la Tierra Santa de la presencia musulmana. Después de largos preparativos, el monarca se embarca con sus personas cercanas y con un ejército de 35 000 hombres en Aigues-Mortes, en Provenza. Después de pasar por Chipre, las tropas francesas arremeten de nuevo contra Damieta, de la que se apoderan en 1249. A continuación, avanzan hacia El Cairo, pero se ven obstaculizadas en El Mansoura (1250), donde logran a duras penas la victoria.

Cansados, los cruzados padecen hambre y epidemias y, además, se ven de nuevo atrapados por la crecida del Nilo. Los egipcios, por su parte, persiguen al ejército en desbandada y capturan finalmente a Luis IX el 7 de abril de 1250. Después de duras negociaciones, el monarca acaba por ser liberado tras el pago de un rescate y la restitución de Damieta. Tras su liberación, el rey decide hacer una peregrinación a Tierra Santa y permanece cuatro años en las ciudades francas de Siria. Finalmente, regresa a Francia en 1254, tras la muerte de su madre Blanca de Castilla (1188-1252), regente en su ausencia —murió en diciembre de 1252, pero la noticia no llegó a oídos de los cruzados hasta la primavera de 1253.

Obsesionado con su promesa de liberar la Tierra Santa, Luis IX decide regresar a África en 1270 y lanza la octava y última cruzada. Se embarca de nuevo con sus hombres en Aigues-Mortes, pero esta vez se dirige a Túnez, desde donde espera conquistar Oriente. Sin embargo, después de algunas victorias, incluyendo la toma de Cartago, los cruzados son diezmados de nuevo por las epidemias y Luis IX muere debido a la peste. Los últimos vestigios de los Estados latinos de Oriente desaparecen poco después de su muerte, con la caída de San Juan de Acre en 1291.

REPERCUSIONES

UN MUNDO TRANSFORMADO PARA SIEMPRE

Las cruzadas son, sin duda, uno de los acontecimientos históricos que transforman el mundo. Emprendidas entre los siglos XI y XIII, cambian el equilibrio de poder entre el Occidente cristiano, el Imperio bizantino y varios grupos étnicos del mundo musulmán, lo que favorece la aparición de algunas civilizaciones y precipita el declive de otras.

Para el Imperio bizantino, las cruzadas anuncian el fin de una larga y rica historia ininterrumpida desde la Antigüedad. En dos siglos, se debilita por los repetidos ataques de los turcos selyuquíes, pero también por el paso de los cruzados, que no dudan en matar y saquear, incluso en los países cristianos. El saqueo de Constantinopla y el establecimiento de los Estados latinos en las antiguas tierras bizantinas precipitan la caída del Imperio. Aun debilitada y empobrecida, Constantinopla continúa su lucha contra la invasión musulmana en Asia Menor hasta su toma definitiva por parte de los turcos en 1453. Cuando esta parte del mundo cede finalmente al avance musulmán, la antigua capital bizantina se convierte en la sede del Imperio otomano y adopta el nombre de Estambul.

El mundo musulmán también experimenta muchos cambios y sale profundamente transformado de las cruzadas. Estas acababan con la preeminencia en el Mediterráneo de la civilización árabe, que disfrutaba de una ventaja significativa sobre Occidente en muchas áreas, en particular gracias al uso de los conocimientos indios y griegos antiguos. El mundo musulmán no solo es atacado por los cruzados, sino que también es ocupado por los turcos selyuquíes, que se hacen rápidamente con el control. Tras el éxito de la primera cruzada, los siguientes no son más que vanos intentos de defender los Estados latinos de Oriente, que desaparecen uno tras otro. Por su parte, los turcos logran establecerse de forma duradera en la región y ponen fin al Imperio bizantino en 1453, dando paso al Imperio otomano. Este último, que domina una gran parte de Oriente Próximo y del Norte de África, no hace tabla rasa del mundo bizantino y se inspira mucho en él. Así, Estambul se llena de mezquitas con cúpulas majestuosas, directamente copiadas de la de la basílica de Santa Sofía, que se transforma en lugar de culto musulmán. El poderoso Imperio otomano perdura hasta el final de la Primera Guerra Mundial (1914-1918), antes dejar paso a la República de Turquía, que es su heredera directa.

LOS NUEVOS CONOCIMIENTOS

En Occidente, las cruzadas tienen un impacto positivo en una amplia variedad de dominios. A pesar de que los cruzados tuvieron que enfrentarse a muchos fracasos, permitieron la creación de los Estados latinos de Oriente, unos formidables emplazamientos en los que tenían lugar intercambios culturales y comerciales con el mundo musulmán. Gracias a la presencia latina en Oriente, las repúblicas italianas logran recuperar el control del comercio en el Mediterráneo, hasta entonces monopolizado por los musulmanes, y se enriquecen considerablemente. Desde entonces, nuevos productos viajan por toda Europa, como el arroz, el café, los dátiles, los albaricoques, los limones o el azúcar y el jengibre.

Estos intercambios entre las dos civilizaciones también contribuyen al desarrollo de un resurgimiento cultural, que le abrirá a Europa las puertas del Renacimiento. Las cruzadas permiten especialmente redescubrir los saberes de la Antigüedad y valorar la riqueza de conocimientos de las civilizaciones árabe e india en áreas tan diversas como el álgebra, la química o la astronomía. El mayor de estos descubrimientos que le debemos a los árabes no es otro que la introducción de su sistema numérico, que continuamos empleando hoy en día. Estas cifras sustituyen gradualmente a la notación romana y se imponen debido a sus muchas ventajas matemáticas, incluyendo el concepto de cero, inexistente en la Antigua Roma.

UNA LUCHA QUE CONTINÚA

Lejos de detenerse con las cruzadas, la oposición entre el Occidente cristiano y el mundo musulmán continúa a lo largo de toda la Edad Media y de la Época Moderna con la Reconquista (718-1492) y la lucha contra el Imperio otomano. Aunque finalmente son expulsados de España bajo el impulso de los Reyes Católicos, los otomanos consiguen entrar en Europa en varias ocasiones, especialmente con el sitio de Viena en 1529 y en 1683. Las cruzadas, marcadas por el miedo a la expansión musulmana y por los mitos que rodean a algunos grandes caballeros cruzados, siguen ocupando actualmente un lugar importante en el imaginario colectivo.

EN RESUMEN

Las cruzadas en Tierra Santa © 50MINUTOS.es

- Las ocho cruzadas en Tierra Santa son peregrinaciones armadas que enfrentan al Occidente cristiano, al Oriente musulmán, y al Imperio bizantino ortodoxo del siglo XI al XIII.

- La primera llamada a la cruzada fue lanzada en 1095 por el papa Urbano II en el Concilio de Clermont con el fin de liberar las tierras cristianas de la presencia musulmana.
- Aunque las cruzadas se realizan principalmente por motivos religiosos, también responden a importantes cuestiones políticas entre las potencias de la época, incluyendo el equilibrio entre el poder temporal y el poder religioso.
- En estos conflictos participan muchas grandes figuras, siendo las más famosas Godofredo de Bouillón, Ricardo Corazón de León, Saladino I y Luis IX.
- La primera cruzada es un éxito, ya que termina con la toma de Jerusalén y la creación de los Estados latinos de Oriente, comunidades cristianas en tierras musulmanas.
- Las siguientes cruzadas son vanos intentos de defender y recuperar estas tierras, que son reconquistadas sucesivamente por los musulmanes.
- Durante la cuarta cruzada ocurre un escándalo: en el año 1204, los cruzados, desviados de su objetivo por la República de Venecia, destrozan y saquean Constantinopla, que, sin embargo, es cristiana. Las tensiones entre bizantinos y latinos, que no dejan de aumentar durante las cruzadas, llegan entonces a su clímax.
- La sexta cruzada, dirigida por el emperador germánico Federico II de Hohenstaufen, es un éxito diplomático: se llega a un acuerdo con los musulmanes sin que se derrame ninguna gota de sangre.
- Las dos últimas cruzadas, en Egipto y Túnez, son dirigidas por Luis IX, el futuro San Luis. El monarca francés muere en 1270 cerca de Túnez después de haber contraído la peste.

- Los últimos vestigios de los Estados latinos de Oriente desaparecen poco después de su muerte, con la caída de San Juan de Acre en 1291.
- Las cruzadas tienen muchas repercusiones en Occidente, proporcionando una reactivación económica y cultural en Europa.

¡Tu opinión nos interesa!
¡Deja un comentario en la página web de tu librería en línea,
y comparte tus favoritos en las redes sociales!

PARA IR MÁS ALLÁ

FUENTES BIBLIOGRÁFICAS

- Asbridge, Thomas. 2010. *The Crusades: the War For the Holy Land*. Londres: Simon & Schuster.
- Cazaux, Loïc. 2008. *Au temps des croisades*. París: Ellipses.
- Flori, Jean. 2001. *La guerre sainte. La formation de l'idée de croisade dans l'Occident chrétien*. París: Aubier.
- Flori, Jean. 2001. *Les croisades*. París: Éditions Gisserot.
- Flori, Jean. 2002. *Guerre sainte, Jihad, croisade. Violence et religion dans le christianisme et l'islam*. París: Seuil.
- Grousset, René. 1981. *L'épopée des croisades*. Verviers: Nouvelles éditions Marabout.
- Heers, Jacques. 1999. *La première croisade. Libérer Jérusalem*. París: Fayard.
- Hillenbrand, Carole. 1999. *The Crusades: Islamic Perspectives*. Edimburgo: Edinburgh University Press.
- Madden, Thomas. 2002. *The Crusades: the Essential Readings*. Oxford: Blackwell.
- Madden, Thomas. 2010. *Crusades: Medieval Worlds in Conflict*. Farnham: Ashgate, 2010.
- Maalouf, Amin. 1983. *Les croisades vues par les Arabes*. París: J.-C. Lattès.
- Norwich, John Julius. 2002. *Histoire de Byzance*. París: Perrin.
- Richard, Jean. 1996. *Histoire des croisades*. París: Fayard.

FUENTES COMPLEMENTARIAS

- Aurell, Martin. 2013. *Des chrétiens contre les croisades (XIIe-XIIIe siècle)*. París: Fayard.
- Delors, Robert y Michel Ballard. 1988. *Les croisades*. París: Seuil.
- Dierkens, Alain, Denis Diagre y Pauline Voûte. 1996. *Le temps des croisades*. Bruselas: Crédit communal.
- Dupront, Alphonse. 1997. *Le mythe de croisade*. París: Gallimard.
- Flori, Jean. 1997. *La première croisade. L'Occident chrétien contre l'Islam*. Bruselas: Complexe.
- Flori, Jean. 2003. *Pierre l'Ermite et la première croisade*. París: Perrin.
- Grousset, René. 1994. *Les croisades*. París: PUF.
- Lebedel, Claude. 2004. *Les croisades. Origines et conséquences*. Rennes: Ouest-France.
- Morrisson, Cécile. 1969. *Les croisades*. París: PUF.
- Riley-Smith, Jonathan. 1996. *Atlas des croisades*. París: Autrement.
- Schwarzfuchs, Simon. 2005. *Les Juifs au temps des croisades en Occident et en Terre sainte*. París: Albin Michel.

FUENTES ICONOGRÁFICAS

- *La Batalla de Poitiers*, pintura de Charles de Steuben, 1837. La imagen reproducida está libre de derechos.
- *El papa Urbano II consagrando la basílica San Saturnino de Tolosa*, cuadro de Antoine Rivalz, 1715. La imagen reproducida está libre de derechos.
- *Godofredo de Bouillón curado por un ángel*, pintura de

Pierre Mignard, *c.* 1640. La imagen reproducida está libre de derechos.
- Retrato de Saladino I, por Cristofano dell'Altissimo, siglo XVI. La imagen reproducida está libre de derechos.
- Retrato de Ricardo Corazón de León. La imagen reproducida está libre de derechos.
- Federico II representado con su emblema, el águila. La imagen reproducida está libre de derechos.
- *Entrevista de San Luis, rey de Francia, con el papa Inocencio IV, en Lyon, en 1248*, pintura de Louis-Jean-François Lagrenée. La imagen reproducida está libre de derechos.
- El papa Urbano II predica la primera cruzada. La imagen reproducida está libre de derechos.
- *Entrada de los cruzados en Constantinopla*, cuadro de Eugène Delacroix, 1840. La imagen reproducida está libre de derechos.
- *La Cruzada de los Niños*, cuadro de Gustave Doré, 1892. La imagen reproducida está libre de derechos.

PELÍCULAS Y DOCUMENTALES

- *Arn: El Caballero Templario*. Dirigida por Peter Flinth, con Joakim Nätterqvist, Sofia Helin y Stellan Skarsgard. Suecia, 2007.
- *En tiempos de las cruzadas*. Dirigido por Jean-François Delassus. Francia, 2002.
- *La Guerra Santa*. Dirigido por Christian Twente y Martin Mendez. Alemania, 2011.
- *Templario*. Dirigida por Jonathan English, con James Purefoy, Paul Giamatti y Kata Mara. Reino Unido,

Estados Unidos y Alemania, 2011.